Thomas Johne

Verkaufsgespräche professionell gestalten

Grundlagen - Strategien - Methoden

Thomas Johne

Verkaufsgespräche professionell gestalten

Grundlagen - Strategien - Methoden

Schriftenreihe: Das kleine 1x1 des Marketings
Band 3

© 2006 Alle Rechte vorbehalten

RKW-Verlag

Düsseldorfer Straße 40
65760 Eschborn

RKW-Nr. 1511
ISBN 3-89644-258-9
Layout: RKW, Eschborn
Druck: KlarmannDruck, Kelkheim

Inhaltsverzeichnis

		Seite
Vorwort		7
1	**Nichts ist mehr, wie es war: Verkaufen in veränderten Märkten**	9
2	**Vorbereitung ist alles: So planen Sie Ihr Verkaufsgespräch**	13
2.1	Informationsrecherche: Lernen Sie Ihren Markt kennen	14
2.2	Gesprächsziele und -strategien: Seien Sie auf jede Situation vorbereitet	15
2.3	Kundennutzen: Erarbeiten Sie schlüssige Nutzenargumentationen	16
3	**Kundenkontakt am Telefon: So telefonieren Sie professionell und vereinbaren Termine**	19
3.1	Motivierende Arbeitstechniken am Telefon	19
3.2	Die Wirkung Ihrer Stimme	20
3.3	Gesprächsstrategien zur Optimierung Ihrer Telefonate	22
3.3.1	Wie Sie die Entscheidungsperson ermitteln	22
3.3.2	Wie Sie an der Sekretärin vorbeikommen	23
3.3.3	Wie Sie die Neugier des Gesprächspartners wecken	26
3.3.4	Wie Sie mit dem Kunden einen Termin vereinbaren	30
4	**Verkaufsgespräche erfolgreich gestalten: Von der Gesprächseröffnung zum Abschluss**	31
4.1	Gesprächseröffnung	31
4.1.1	Begrüßung: Der erste Eindruck zählt	31
4.1.2	Gesprächseinstieg: Finden Sie den richtigen Gesprächsaufhänger	33
4.2	Informationsgewinnung	35
4.2.1	Bedarfsanalyse: Stellen Sie die richtigen Fragen	35
4.3	Präsentation	38
4.3.1	Professionelle Vorführung: Glaubwürdigkeit statt Showeffekte	38
4.3.2	Den Kunden überzeugen: Argumentieren Sie nutzenorientiert	39
4.3.3	Bedenken des Kunden: So begegnen Sie Einwänden wirkungsvoll	41

4.4	Kaufabschluss	43
4.4.1	Preisgespräche: Verbinden Sie den Preis mit dem Nutzen	43
4.4.2	Auf den Weg zum Abschluss: So führen Sie die Kaufbereitschaft herbei	45
4.4.3	Der erfolgreiche Abschluss: Die wichtigsten Tipps	45
4.4.4	Verabschiedung: Wirken Sie auf eine langfristige Geschäftsbeziehung hin	47
5	**Nach dem Kundenbesuch ist vor dem Kundenbesuch: So führen Sie eine effektive Nachbereitung durch**	**48**
5.1	Manöverkritik: Ziehen Sie ein Fazit	49
5.2	Stärken-/ Schwächenanalyse: Bauen Sie Ihre Verkaufsfähigkeiten weiter aus	51

Zum Autor   **53**

> „Der Kunde kauft nicht, weil er alles verstanden hat.
> Er kauft, weil er sich verstanden fühlt."
>
> **Goldene Verkaufsregel**

Vorwort

In einem zunehmend härter werdenden Wettbewerb werden Produkte und Dienstleistungen nicht nur ständig verbessert, sondern die Mitbewerber gleichen sich mit ihren Leistungsangeboten auch immer mehr einander an. Da ist es nur allzu verständlich, dass Kunden und Interessenten anspruchsvoller werden und differenzierter prüfen, warum sie sich beim Einkauf von Produkten und Dienstleistungen gerade für ein bestimmtes und kein anderes Unternehmen entscheiden sollen.

Angesichts dieser Marktbedingungen verwundert es nicht, dass qualifizierte sowie professionell gestaltete Verkaufsgespräche, in deren Mittelpunkt eine individuelle Kundenansprache steht, eine immer größere Rolle spielen.

Das bedeutet allerdings auch, dass sich der Verkäufer mit wachsenden Anforderungen konfrontiert sieht. Nur Verkaufsgespräche zu führen und die Ware an den „Mann" zu bringen, reicht vielfach nicht mehr aus. Heute und in Zukunft sind Verkäufer als Dienstleister, Problemlöser und Berater gefragt. Sie stehen dafür ein, dass der Kunde seine Aufgaben lösen kann, seine Ziele effektiver erreicht und dass seine Wünsche und Bedürfnisse erfüllt werden.

Der vorliegende Ratgeber gibt Ihnen einen schnellen und kompetenten Überblick über die verschiedenen Aspekte des Verkaufsgesprächs. Mit ihm haben Sie einen Leitfaden zur Hand, der Sie in allen Phasen des Kundenbesuchs professionell unterstützt – von der Vorbereitung und der telefonischen Terminvereinbarung über das eigentliche Verkaufsgespräch bis hin zur Nachbereitung. Zahlreiche Praxisbeispiele, Tipps sowie Checklisten erleichtern die Umsetzung im Alltag des Verkaufens.

Er wendet sich an alle, die in kleinen und mittleren Unternehmen mit dem Verkaufen als notwendigem Bestandteil jedes Geschäfts beschäftigt sind: Einsteiger, angehende Verkaufsprofis sowie diejenigen, die schon vieles wissen, jedoch das Verkaufsgespräch in Zukunft noch professioneller planen und durchführen möchten.

Thomas Johne   Darmstadt, Mai 2006

1 Nichts ist mehr, wie es war: Verkaufen in veränderten Märkten

Die Märkte unterliegen mehr denn je einem komplexen, dynamischen Prozess: Vielfältige Informationen sind nötig, um wirtschaftspolitische, technologische und marktspezifische Zusammenhänge zu verstehen und Trends einzuordnen, wobei sich bestehende Strukturen in rasantem Tempo verändern. Stichworte wie Globalisierung, Individualisierung und Verdrängungswettbewerb sollen nur einen Hinweis auf die Faktoren des Veränderungsprozesses geben, denen sich Verkäufer im Spannungsfeld Produkt/Dienstleistung – Kunde in Zukunft nicht werden entziehen können.

Nur wenn Sie das Bewusstsein für Trends schärfen, sich neuen Marktsituationen anpassen und den daraus resultierenden Herausforderungen begegnen, werden Sie als Verkäufer erfolgreich handeln.

Das kennzeichnet unsere Märkte: Rahmenbedingungen und Trends

Folgende Rahmenbedingungen und Entwicklungen verdeutlichen, warum die Anforderungen an einen Verkäufer zunehmend wachsen:

Intensivierung des Wettbewerbs

Viele Märkte sind durch einen Verdrängungswettbewerb gekennzeichnet. In den teilweise ruinösen Preiskämpfen gibt es immer einen Mitbewerber, der ein günstigeres Angebot bereithält.

Märkte in Turbulenzen

Die Stabilität von Märkten und Teilmärkten wird immer geringer. Neue Wachstumsmärkte und Nischen entstehen, und traditionelle Märkte brechen zusammen. Unzeitgemäße Strategien und Produkte, die sich nicht an den Kundenbedürfnissen orientieren sowie überholte Unternehmensstrukturen werden unmittelbar von den Märkten bestraft.

Austauschbare Produkte in stagnierenden Märkten

Der Innovationsdruck wächst ständig. Immer neue Produkte gelangen in immer kürzeren Abständen auf den Markt. Ein Innovationsvorsprung verschafft nur kurzfristig einen Wettbewerbsvorteil, da neue Produkte und Dienstleistungen immer schneller nachgeahmt werden. Produktqualität wird als selbstverständlich vorausgesetzt.

Wer also künftig erfolgreich verkaufen will, wird immer weniger über das Produkt – also über seine technischen und qualitativen Vorteile –, sondern immer mehr über den Nutzen sowie über den Erlebniswert für den Kunden sprechen müssen. Der Kunde legt – je mehr sich die Produkte gleichen – besonderen Wert darauf, im Gespräch mit dem Verkäufer Fairness, Vertrauen, Respekt, Offenheit, Unterstützung und Engagement zu erfahren. Eine gute emotionale und vertrauensvolle Beziehung zwischen Kunden und Verkäufer spielt eine tragende Rolle.

Die Kunden werden immer kritischer

Verkaufsgespräche nehmen zunehmend einen anderen Verlauf: Kunden wollen umfassender über Unternehmen und Produkte informiert werden als nur durch Werbebotschaften. Unternehmen werden auch daran gemessen, inwieweit sie bereits Strategien des nachhaltigen Wirtschaftens umgesetzt haben. Die gesellschaftliche Verantwortung der Unternehmen wird von den Kunden in wachsendem Maß eingefordert.

Die Markttransparenz nimmt zu

Die Vorteile, die Unternehmen früher gegenüber ihren Kunden aus einem Informationsvorsprung ziehen konnten, schwinden. Kunden können sich jederzeit nahezu vollständige und aktuelle Informationen über Märkte beschaffen (zum Beispiel über das Internet) – sowohl hinsichtlich der Preise und der Bezugsquellen als auch in Bezug auf die Produktausstattung.

Die Neukundengewinnung wird immer teurer

Die Kosten für die Akquisition von Neukunden sind erheblich gestiegen (hohe Marketing- und Kommunikationskosten und abnehmende Werbekraft). Dadurch wächst adäquat der Wert des einzelnen Kunden mit der Dauer der Geschäftsbeziehung.
Unternehmen, die heute und in Zukunft am Markt bestehen möchten, kommen daher am Thema „Kundenbindung" nicht vorbei.

Um das Bewusstsein für Veränderungen und Trends zu schärfen, hilft Ihnen auch die folgende Checkliste.

> **Checkliste:** Trendbeobachtung
>
> - Orientieren wir uns an zeitgemäßen Formen der Kommunikation mit unseren Kunden (zum Beispiel E-Mail statt Fax)?
>
> - Haben sich die Wünsche und Bedürfnisse der Kunden gewandelt?
>
> - Gibt es Tendenzen, dass unsere angestammten Märkte wegbrechen?
>
> - Gibt es neue Wachstumsmärkte?
>
> - In welche Richtung wird in unserer Branche geforscht und entwickelt?
>
> - Wie hat sich unser Markt in der Vergangenheit verändert?
>
> - Wie wird sich unser Markt in den nächsten 5 Jahren entwickeln?
>
> - Haben wir bei den Mitbewerbern Veränderungen in der Verkaufsstrategie festgestellt?
>
> - Konnte ein verändertes Kundenverhalten festgestellt werden? Wie äußert sich dies?
>
> - Wurden wir in Verkaufsgesprächen in der Vergangenheit angesprochen auf: Herkunft und Umweltverträglichkeit des Produktes, Produktionsbedingungen, Leitsätze gesellschaftlichen Handelns?

Anforderungen an erfolgreiche Verkäufer

Angesichts der beschriebenen Rahmenbedingungen und Trends überrascht es nicht, dass sich Verkäufer mit wachsenden Anforderungen konfrontiert sehen. Der Erfolg als Verkäufer und damit der Unternehmenserfolg hängen, neben seiner Fachkompetenz, marktgerechten Produkten und Dienstleistungen, in entscheidendem Maße auch davon ab, ob er in der Lage ist, Kunden zu begeistern und nachhaltig zu binden – Kundenorientierung wird zum Schlüsselfaktor.

Damit dies in der Praxis gelingt, sind zahlreiche Fähigkeiten erforderlich, die einen erfolgreichen Verkäufer auszeichnen:

Er orientiert sich ständig am Markt.

Marktveränderungen werden von ihm frühzeitig wahrgenommen und er ist mit den sich abzeichnenden Trends vertraut. Dies bedeutet, er sollte Kunden- und Marktdaten (zum Beispiel Informationen zur Kundenzufriedenheit, zum Kundenverhalten, über gesellschaftliche Ereignisse sowie Analysen von Branchen und Mitbewerbern) bewerten können, um schnell und flexibel auf Veränderungen in den Wünschen und Bedürfnissen der Kunden zu reagieren.

Er betreibt aktives Beziehungsmanagement.

Das bedeutet, er kann sich auf emotional unterschiedliche Kundentypen einstellen, Kontakte und Beziehungen aktiv herbeiführen und Geschäftsbeziehungen pflegen sowie langfristig und unverwechselbar gestalten.

Er kann nutzenorientiert argumentieren.

Das heißt, er kann zwischen verschiedenen Kundentypen mit unterschiedlichen Bedürfnissen differenzieren und ihnen den konkreten und individuellen Nutzen seines Angebots überzeugend vermitteln. Er ist in der Lage, die über den unmittelbaren Produktnutzen hinausgehenden Motive, die hinter dem Kaufinteresse des Kunden stehen, zu erkennen und ihn gezielt darauf anzusprechen.

Er hat Servicekompetenz.

Das bedeutet, er trägt aktiv dazu bei, die Servicestrategie seines Unternehmens im Verkauf umzusetzen. Er hat Gespür für Kundenerwartungen und gibt Anregungen zur Verbesserung der Servicequalität. Im Vordergrund stehen dabei folgende Absichten: größtmögliche Kundennähe herzustellen und Kundenerwartungen regelmäßig zu übertreffen mit dem Ziel, auch in turbulenten Märkten eine für beide Seiten vertrauensvolle und lohnende Geschäftsbeziehung zu entwickeln.

2 Vorbereitung ist alles: So planen Sie Ihr Verkaufsgespräch

Ob Sie nun vor einem ersten Besuchstermin mit einem neuen Kunden stehen oder ob Sie überlegen, wie Sie einen bereits gewonnenen Kunden dazu bringen, dass er Ihnen bei Ihrem nächsten Besuch einen neuen Auftrag erteilt – Ihr Ziel sollte es sein, sich in Ihrem Angebots- und Marktbereich als der kompetenteste und wichtigste Ansprechpartner für Ihren Kunden zu profilieren. Mit anderen Worten: Machen Sie sich für Ihren Kunden unentbehrlich! Dies gelingt nicht, indem Sie Verkaufen als Einzelaktivität, im Sinne von sporadischen Telefonaten oder improvisierten Kundenbesuchen betrachten, sondern als Vorgang, der aus verschiedenen Phasen besteht. Erfolg im Verkauf ist nur gewährleistet, wenn Sie während des gesamten Verkaufsvorgangs kundenorientiert handeln – und der beginnt bereits mit einer effektiven Vorbereitung.

Die Gründe dafür überraschen nicht:

- Je intensiver Sie sich auf ein Verkaufsgespräch vorbereiten, desto überzeugender wirken Sie auf potentielle Kunden.

- Wenn Sie professionell vorbereitet sind, gelingt es Ihnen schneller, ein Vertrauensverhältnis zu Ihrem Gesprächspartner aufzubauen. Sie erscheinen glaubwürdiger, wirken sympathischer und hinterlassen einen kompetenten Eindruck bei Ihren Kunden – die Basis für erfolgreiche Kundenbindung.

- Eine sorgfältige Planung führt zu effektiven, ergebnisorientierten Gesprächen. Dies spart die Zeit aller Gesprächspartner und senkt die Kosten Ihres Kundenkontakts. Dadurch können Sie mehr direkte Verkaufsgespräche mit potentiellen Kunden realisieren.

Bevor Sie nun loslegen und neue oder bestehende Kunden anrufen oder besuchen, sollten Sie wissen, wie Sie die Vorbereitung Ihres Verkaufsgesprächs möglichst effizient gestalten können. Um diese Aufgabe zu bewältigen, soll Ihnen der folgende Abschnitt einige Tipps und Hinweise geben.

2.1 Informationsrecherche: Lernen Sie Ihren Markt kennen

Im ersten entscheidenden Schritt beim Vorbereiten auf das Verkaufsgespräch gilt es, sich ein umfassendes und exaktes Bild vom Kunden, seinem Unternehmen, seinen Produkten und Dienstleistungen sowie von der Branche und den Mitbewerbern zu verschaffen.

Welche Informationen benötigen Sie dafür? Woher bekommen Sie diese?

- **Marktinformationen**
  Recherchequellen: Wirtschaftmagazine, Fachzeitschriften aus der jeweiligen Branche, Messen, Internet

- **Informationen über Ihre Mitbewerber**
  (Marktbedeutung, Angebotspalette, Preis und Konditionen, Werbe- und Marketingmaßnahmen)
  Recherchequellen: Unternehmensbrochüren, Kundenzeitschriften, Websites der Mitbewerber, Werbemittelanalyse, Besuch – Tag der offenen Tür

- **Informationen über Kundenunternehmen und wichtige Ansprechpartner**
  (Marktbedeutung, Leistungsprogramm, Management, Vertriebsorganisation, Ansprechpartner: Namen, Stellung im Unternehmen, Entscheidungskompetenz, Verhandlungsstil, gegebenenfalls deren Hobbys)
  Recherchequellen: Website des Kunden, Unternehmensbrochüren, Messegespräche, Kundenzeitschriften, Zeitungsrecherche

Da diese Vorbereitung Zeit kostet, scheuen viele den Aufwand, aber diese Vorbereitungsarbeit zahlt sich langfristig aus. Wenn Sie ein Verkäufer sind, der sich mit den möglichen Wünschen, Bedürfnissen und Problemen des Kunden auseinandersetzt, den Kundenmarkt, seine wichtigsten Mitbewerber, die bisherige Zusammenarbeit, die Ansprechpartner sowie die aktuelle Kundensituation kennt, sind Sie gegenüber Ihren direkten Mitbewerbern im Vorteil. Denn: Ihr Wissen erleichtert Ihnen Ihre Gesprächsführung. Wenn Sie solche Informationen geschickt einsetzen, erhöhen Sie im Gespräch die Chance, thematische, speziell auf den Kunden bezogene Anknüpfungspunkte zu finden – über ein neues Produkt, über ein Sonderangebot oder einen verbesserten Service. Ihre guten Kenntnisse signalisieren Ihren Kunden, dass Sie in der Lage sind, maßgeschneiderte Lösungen anzubieten. Der Kunde wird sich ernst und wichtig genommen fühlen und er wird Sie als kompetenten Gesprächspartner wahrnehmen – so bauen Sie eine persönliche Beziehung zu Ihrem Gesprächspartner auf und sorgen für eine positive Stimmung, die eine Kaufentscheidung beschleunigen kann.

2.2 Gesprächsziele und -strategien: Seien Sie auf jede Situation vorbereitet

Ein Verkaufsgespräch ist nicht statisch, sondern hat ein Eigenleben und eine eigene Dynamik. Häufig werden im Gespräch einzelne Phasen übersprungen oder gestrafft. Die Entwicklung von Zielen und Strategien dient vor diesem Hintergrund dazu, das Verkaufsgespräch im gewissen Sinne zu strukturieren. Zu einer effektiven Vorbereitung gehört es daher auch, ein Ziel festzulegen, das Sie am Ende des Verkaufsgesprächs erreicht haben wollen. Dabei ist es nicht in jedem Fall realistisch, schon beim ersten Gespräch den unmittelbaren Abschluss eines Geschäftes vor Augen zu haben.

Teilziele können zum Beispiel sein:

- über bestimmte Produktneuheiten oder geplante Neuentwicklungen informieren,

- Geschäftsbeziehungen und Vertrauen aufbauen: Interesse für das eigene Unternehmen wecken, Kundenprobleme herausfinden,

- bestehende Kunden betreuen: Vorstellung von Sonderaktionen.

Gemäß Ihrem jeweiligen Ziel sollten Sie sich eine Strategie zurechtlegen, wie Sie bei Ihrem Kundengespräch vorgehen wollen. Dies betrifft vor allem die Aspekte Gesprächsaufbau, Angebotsumfang, Preisgestaltung, Präsentationsverlauf, Nutzenargumentation sowie mögliche Einwände des Kunden.

➤ Tipp:

Spielen Sie Ihre Strategien als „Trockenübung" durch: Welche Antworten habe ich parat für unterschiedliche Gesprächsverläufe? Mit welchen Argumenten begegne ich eventuellen Einwänden des Kunden? So gewinnen Sie Selbstsicherheit im Umgang mit Ihren Kunden.

2.3 Kundennutzen: Erarbeiten Sie schlüssige Nutzenargumentationen

In der Vorbereitungsphase sollten Sie konkrete Überlegungen anstellen, welchen Nutzen Ihr Kunde von den Produkten oder Dienstleistungen Ihres Unternehmens hat. Häufig wird in Verkaufsgesprächen der Fehler gemacht, vorrangig Produkteigenschaften herauszustellen. Dass eine Niedrigtemperaturheizung zum Beispiel geringe Emissionen verursacht und einen hohen Wirkungsgrad aufweist (Produkteigenschaften), sagt dem Kunden noch nicht, welchen konkreten Nutzen er im Winter davon hat. Der Nutzen aber ist es, der den unmittelbaren Verkaufvorteil darstellt.

▶ Tipp:

Sammeln Sie Nutzenargumente, in dem Sie sich die Merkmale Ihres Produktes vor Augen halten und sich mit folgenden Fragen auseinandersetzen:

- Wo ist der Nutzen dieses Merkmals?

- Welche Probleme löst der Kunde mit dem Kauf unseres Produktes?

- Welche Ziele erreicht er mit dem Erwerb unseres Produktes?

- Können wir spontan fünf Eigenschaften unseres Produktes nennen und den entsprechenden Nutzen für den Kunden herausarbeiten?

Eine wertvolle rhetorische Hilfe für eine nutzenorientierte Argumentation ist die Verwendung von Verben, zum Beispiel:

„…das bedeutet für Sie…"

„…damit sparen Sie…"

„…das garantiert Ihnen…"

„…das erhöht Ihre…"

Damit Sie bei der Vorbereitung Ihres Kundengespräches an die wichtigsten Eckdaten denken, gibt Ihnen die folgende Checkliste eine Hilfestellung.

Checkliste: Gesprächsvorbereitung

Analyse

- Haben Sie alle verfügbaren Informationen über Ihren Kunden zusammengetragen (Gesprächspartner, Art des Geschäfts, aktuelle Geschäftslage, Markt und Wettbewerb)?

- Kennen Sie die Wünsche, Bedürfnisse, Erwartungen und Problemstellungen Ihres Kunden?

- Welche Vor- und Nachteile haben die Mitbewerber?

- Haben Sie die eigene Positionierung (Alleinstellungsmerkmale) bestimmt, den Nutzen und den Mehrwert für den Kunden definiert sowie die Angebotsvarianten (Preis, Ausstattung, Konditionen, Zusatzangebote) festgelegt?

- Haben Sie sich Schlüsselaussagen und Leitsätze gedanklich zurechtgelegt (über Ihr Selbstverständnis als Verkäufer, über Ihr Unternehmen und Ihre Produkte)?

- Welche Ergebnisse erbrachten die letzten Gespräche?

- Welcher Fragenkomplex steht aus Ihrer Sicht noch aus?

- Welche Themen sind von Kundenseite zu erwarten?

Zielsetzung

- Haben Sie konkrete Ziele definiert, die Sie am Ende eines Kundenbesuches erreicht haben wollen?

- Haben Sie Ihre Ziele schriftlich formuliert und sind sie realistisch und messbar?

Strategie

- Wie soll das Gespräch aufgebaut werden?

- Haben Sie Aussagen zu gängigen Kundeneinwänden parat?

- Welche Verkaufsunterlagen sind notwendig, was und wie soll präsentiert werden?

- Welche Präsentationsmittel sind dazu notwendig?

3 Kundenkontakt am Telefon: So telefonieren Sie professionell und vereinbaren Termine

Ob Sie Ihre Telefonaktion bei Ihren Stammkunden optimieren möchten oder ob es Ihnen darum geht, neue Kunden anzurufen, um einen Gesprächstermin zu vereinbaren – professionelles Telefonverhalten ist die Voraussetzug dafür, steuernd auf den Gesprächsverlauf Einfluss zu nehmen und zielgerichtet zu agieren. Sie können Ihre Kompetenzen und Ihre Motivation in diesem Sinne steigern, wenn Sie einige wichtige Grundregeln und Vorgehensweisen beachten und bewusst einsetzen.

3.1 Motivierende Arbeitstechniken am Telefon

Sie haben genügend qualitative Adressen potentieller Kunden vorliegen und wollen mit Schwung an Ihre Telefongespräche herangehen, um Gesprächstermine zu vereinbaren. Nichts schadet da der Motivation mehr, wenn es Ihnen nicht gelingt, mit dem gewünschten Gesprächspartner zu sprechen.

So bleiben Sie locker und selbstbewusst:

- **Lassen Sie das Telefon nur fünfmal klingeln.**
  Die überwiegende Zahl der Gesprächsteilnehmer geht vor dem vierten Klingeln ans Telefon. Wer danach abhebt, ist unter Umständen unter Zeitdruck, nicht in bester Stimmung oder nicht sehr aufgeschlossen für Ihr Anliegen.

- **Warten Sie nicht zu lange in der Leitung.**
  Beenden Sie die Verbindung, wenn das „Durchstellen" durch die Sekretärin zum Gesprächspartner länger als 30 Sekunden dauert. In diesem Fall treffen Sie ihn – eventuell aus einer Konferenz gerissen – nicht mit der nötigen Aufnahmebereitschaft an.

- **Notieren Sie keine negativen Bemerkungen.**
  Schreiben Sie hinter eine Adresse nie demotivierende Bemerkungen, wie „nicht interessiert" oder „keine Zeit" – dies kann sich in drei Monaten auch wieder ändern. Entfernen Sie nur diejenigen Adressen aus der Liste, die für Ihr Angebot oder einen Gesprächstermin absolut nicht in Frage kommen. Schreiben Sie bei positiven Telefonaten lieber motivierende Kurzinformationen auf. Führen Sie

keine Telefonlisten unterteilt nach negativem und positivem Kundeninteresse. Dies fördert nicht gerade die Motivation. Denn: Wer ruft schon gerne im Wiederholungsfall eine Negativliste an?

- **Verzichten Sie auf das Angebot von Rückrufen.**
  Rufen Sie einfach wieder an, wenn der Kunde nicht erreichbar ist. Denn: Sämtliche Rückrufzeiten zu notieren, kostet nicht nur Zeit, sondern schadet Ihrer Motivation. Lassen Sie lieber völlig aussichtslose Kunden „sausen" und telefonieren Sie weiter Ihre Kontaktliste ab. Dies motiviert mehr, als einzelnen Kunden hinterher zu telefonieren. Fragen Sie nur bei Kunden, die schon in der Entscheidungsphase sind, wann die günstigsten Anrufzeiten sind.

- **Hinterlassen Sie keine Nachrichten und bitten Sie auch nicht um einen Rückruf.**
  Bei Interessenten, die Sie nicht kennen, ist diese Vorgehensweise in der Regel nutzlos. Sie wirkt demotivierend, denn Sie bauen sich damit eine Erwartungshaltung auf, die in meisten Fällen zu Enttäuschungen führt.

3.2 Die Wirkung Ihrer Stimme

Die Wirkung Ihrer Stimme ist im Telefonat von zentraler Bedeutung. Bedenken Sie, dass im Gegensatz zu einem persönlichen Gespräch Mimik und Gestik zur Beurteilung der Person nicht zur Verfügung stehen. Wenn Sie der Gesprächspartner noch nie gesehen hat, wird er sich aufgrund Ihrer Stimme und Ihrer Wortwahl ein Bild machen, wenn es darum geht, Sympathie, Kompetenz, Kundenorientierung oder die Motivation einzuschätzen. Denn: Durch Ihre Stimme vermitteln Sie auch Ihre Stimmung – freundlich oder verbissen und grimmig. Daher sollten Sie jedesmal innehalten, wenn Sie den Telefonhörer abnehmen und sich vergewissern, dass Sie mental darauf vorbereitet sind, mit dem Kunden am anderen Ende der Leitung zu verhandeln.

Um die Wirkung Ihrer Stimme positiv zu beeinflussen, sollten Sie einige grundlegende Regeln beachten:

- **Haltung beim Telefonieren**
  Sie wirken wesentlich lockerer und sympathischer, wenn Sie aufrecht sitzen oder sogar stehen. So kann die zum Sprechen benötigte Luft freier durch Ihren Körper fließen. Ihre Stimme wirkt dadurch voller und selbstsicherer.

- **Gesichtsausdruck**
  Der Gesichtsausdruck verändert den Klang Ihrer Stimme. Lächeln und gestikulieren Sie, auch wenn Ihr Gesprächspartner Sie nicht sehen kann. Ihre Stimme wird dadurch freundlicher. Sie wirken sympathischer.

- **Aussprache**
  Eine verständliche, gute Aussprache und eine lebendig sowie motiviert klingende Stimme erleichtert das Zuhören und wirkt auf den Gesprächspartner engagiert und kompetent – der Inhalt, über den Sie sprechen, wirkt dadurch auch bedeutungsvoller und wichtiger.

Achten Sie also auf eine angemessene Lautstärke, eine deutliche Aussprache und ein angemessenes Tempo sowie auf eine angemessene Betonung.

➤ **Tipp:**

Das Sprechen mit wohlmodulierter Stimme am Telefon erfordert Übung – ist jedoch erlernbar. Nehmen Sie einmal ein komplettes Telefonat auf und analysieren Sie, vielleicht zusammen mit einer Person Ihres Vertrauens, Ihre stimmlichen Qualitäten.

Mit Hilfe folgender Checkliste können Sie Ton und Qualität Ihrer Stimme auswerten.

Checkliste: Auswertung stimmliche Qualität	trifft zu	trifft nicht zu
• gut vernehmbare, nicht zu laute Stimme	☐	☐
• deutliche Aussprache	☐	☐
• Sprechgeschwindigkeit weder zu schnell noch zu langsam	☐	☐
• angenehme Stimme	☐	☐
• stimmliche Dynamik spiegelt Interesse und Engagement wider	☐	☐

3.3 Gesprächsstrategien zur Optimierung Ihrer Telefonate

Mit Stammkunden am Telefon einen Gesprächstermin zu vereinbaren, ist in der Regel weniger problematisch. Anders verhält es sich, wenn Sie mit einem Ihnen unbekannten Gesprächspartner Kontakt aufnehmen wollen. Da gilt es, zuerst die Entscheidungsperson zu ermitteln, im weiteren die Sekretärin von Ihrem Anliegen zu überzeugen sowie vor allem den potentiellen Kunden neugierig zu machen, damit er mit Ihnen einen Termin für ein persönliches Gespräch vereinbart. Mit welchen Gesprächsstrategien Sie in den einzelnen Schritten Ihrer Telefonaktion zum Erfolg kommen können, zeigt Ihnen das folgende Kapitel.

3.3.1 Wie Sie die Entscheidungperson ermitteln

Wenn Ihnen die Durchwahlnummer des neuen Kunden nicht bekannt ist, wenden Sie sich in der Regel an die Telefonistin und bitten sie um entsprechende Informationen. Da Ihr Unternehmen und Ihr Name für die Dame neu sind, müssen Sie deutlich sprechen und zuerst Firma und Ort sowie Ihren Vor- und Zunamen nennen. Dann fragen Sie höflich, wer Ihnen weiterhelfen kann.

> **Praxisbeispiel:**
>
> „Können Sie mir bitte helfen? Wer ist verantwortlich für…?" Oder:
>
> „Ich möchte gern den Herrn oder die Dame sprechen, die in Ihrem Unternehmen die Büroausstattung einkauft. Können Sie mir bitte den Namen sagen."
>
> Dabei ist nicht nur der Name des Kunden wichtig, sondern auch die Schreibweise (zum Beispiel für spätere Angebotsschreiben). Es wirkt auch nicht zu persönlich, wenn Sie sich den Vornamen des Ansprechpartners geben lassen. Schriftliche Angebote wirken dann vertrauensvoller.
> Sollte es für Sie sinnvoll sein, der Entscheidungsperson vor dem ersten persönlichen Gespräch einen Brief zu schreiben, dann verlangen Sie nach der Namensnennung nicht, durchgestellt zu werden, sondern fahren fort:
>
> „Ich möchte Herrn… oder Frau… einen Brief schreiben. Wie lautet bitte die korrekte Anschrift und Abteilungsbezeichnung? Hat er/sie auch eine Durchwahlnummer? Können Sie mir bitte auch den Namen der Sekretärin und deren Telefonnummer nennen?"

> **Tipp:**

Bei Schwierigkeiten, die entscheidungsbefugte Person zu ermitteln, erweist sich oft die Anfrage in der Presseabteilung oder im Verkauf als zweckmäßig, da man dort derartige Rechercheprobleme aus dem eigenen Berufsalltag kennt und deshalb oft gerne weiterhilft.

3.3.2 Wie Sie an der Sekretärin vorbeikommen

Wichtig ist dabei auch Ihre innere Einstellung, machen Sie sich immer bewusst:

- Sie sind kompetent und können Ihren Kunden einen konkreten Nutzen bieten.

- Sie verfügen über gute Ideen und wertvolle Informationen.

Und denken Sie immer an den Hauptzweck Ihres Anrufes: Sie verkaufen in erster Linie nicht Ihr Angebot, sondern möchten „nur" einen persönlichen Gesprächstermin.
Nachdem Sie von der Telefonistin an die Sekretärin Ihres Ansprechpartners weitergeleitet worden sind, ist der Einstieg bei nun folgendem Gespräch von entscheidender Bedeutung.

Wie gehen Sie nun vor, wenn die Sekretärin fragt: „Worum geht es?"
Auch hier gilt: Deutlich sprechen und sich in der richtigen Reihenfolge vorstellen:

- zuerst Unternehmen mit Ort,

- dann Ihren Vor- und Nachnamen,

- zum Schluss eine freundliche Begrüßung.

Die Sekretärin wird unter Umständen versuchen, Sie abzuwimmeln. Geben Sie Ihr das Gefühl, eine kompetente und von Ihnen akzeptierte Gesprächspartnerin zu sein. Sprechen Sie die Dame mit ihrem Namen an, behandeln Sie sie so, als wäre sie der Kunde selbst.

> **Praxisbeispiel:**
>
> „Frau Klein, als die persönliche Sekretärin von Herrn… sind Sie die einzige, die mir weiterhelfen kann." Oder:
>
> „Frau Schumann, sind Sie nicht die rechte Hand von Herrn…?"

Vier Einstiegsstrategien, um an der Sekretärin vorbeizukommen

Strategie 1: Beziehen Sie sich auf ein Angebot oder Schreiben.

Ein Brief ist ein guter Aufhänger, denn so haben Sie die Chance, sich gleich im ersten Satz auf ihn zu beziehen – mit guten Aussichten, zu Ihrem Gesprächspartner durchgestellt zu werden.

> **Praxisbeispiel:**
>
> „ Es geht um ein Angebot, das ich Herrn… geschrieben habe. Da sind noch einige Fragen zu klären. Bitte verbinden Sie mich jetzt mit Herrn…"
>
> Vermeiden Sie jedoch Formulierungen, wie:
> „Ich möchte gerne wissen, ob unser Angebot bei Herrn… auf Interesse gestoßen ist."
>
> Dies provoziert Einwände und führt schnell zum Abwimmeln:
> „Wenn es für uns von Interesse ist, werden wir uns bei Ihnen melden."

➤ **Tipp:**

Nennen Sie immer auch den Vornamen des Kunden, wenn Sie nach ihm fragen. „Ich möchte gern Herrn Frank Drechsler sprechen." hat ein anders Gewicht als „Ich möchte gern Herrn Drechsler sprechen." So vermitteln Sie den Eindruck, dass Sie Herrn Drechsler persönlich kennen – damit steigern Sie die Chancen, mit dem gewünschten Gesprächspartner verbunden zu werden, ohne mit lästigen Einwänden konfrontiert zu werden.

Strategie 2: Machen Sie auf eine Problemlösung aufmerksam.

Hierbei geht es darum, der Sekretärin in wenigen Sätzen eine Problemlösung oder eine Idee zu skizzieren, die sie nicht „unterschlagen" darf.

> **Praxisbeispiel:**
>
> „Es geht um die Steigerung der Produktionseffizienz, die Ihrer Firma hilft, ihre Herstellungskosten nachhaltig zu senken. Erfahrungsgemäß weiß ich, dass auch Ihr Geschäftsführer schnell feststellen kann, inwieweit unsere Problemlösung für Ihr Unternehmen von Nutzen ist. Würden Sie mich bitte jetzt mit ihm verbinden?"

Strategie 3: Kündigen Sie Ihren Anruf an.

Bei dieser Methode rufen Sie am Vormittag die Sekretärin an, fragen nach der besten Anrufzeit am Nachmittag und sagen ihr dann, dass Sie ihren Chef um diese Zeit anrufen werden.

> **Praxisbeispiel:**
>
> „Mein Name ist…Bitte sagen Sie Herrn…, dass ich ihn zwischen 15 und 16 Uhr anrufen werde. Es geht um ein neuartiges Dokumentenmanagement-System, mit dem sich Ihr Unternehmen entscheidende Wettbewerbsvorteile sichern kann. Ist der Telefontermin in Ordnung?"

Strategie 4: Stellen Sie eine Fachfrage, die nur der Chef beantworten kann.

Hierbei geht es darum, die Sekretärin so anzusprechen, als wäre sie die Entscheidungsperson und sie mit einer Fachfrage zu konfrontieren, die letztlich doch nur ihr Chef beantworten kann.

> **Praxisbeispiel:**
>
> „Ich rufe an, weil unsere Firma ein neues Dokumentenmanagement-System entwickelt hat. Sagen Sie mir bitte, wie in Ihrer Patentabteilung der automatische Ablauf von Standardsuchabfragen gewährleistet wird?"

3.3.3 Wie Sie die Neugier des Gesprächspartners wecken

Nachdem Sie die Sekretärin durchgestellt hat, haben Sie nun den Kunden am Telefon und möchten mit ihm einen Besuchstermin vereinbaren.
In der Praxis hat sich für den Gesprächseinstieg folgende Vorgehensweise bewährt:

- Stellen Sie sich zuerst vor – genauso, wie Sie sich bei der Sekretärin gemeldet haben.

- Kommen Sie dann auf den Zweck des Anrufes zu sprechen.
  Dabei steht die ausführlich Beschreibung Ihres Leistungsangebotes nicht im Vordergrund, sondern Vorabinformationen, die in wenigen Sätzen bestimmte Angebotsvorteile verdeutlichen – mit dem Ziel, den Gesprächspartner zu einer Fortführung des Gesprächs zu animieren und ihn für ein persönliches Gespräch zu gewinnen. Dies erreichen Sie, indem Sie überzeugende Antworten auf einen zentralen Fragenkomplex des Kunden parat haben:
  - Welchen Nutzen habe ich von dem Angebot?
  - Welche Probleme löse ich, wenn ich das Produkt kaufe?
  - Welche Ziele erreiche ich mit dem Erwerb des Produkts?

Denken Sie also daran:
Den Kunden interessiert jeder Angebotsvorteil, der mit Einsparungen zu tun hat, zum Beispiel mit Kostenreduzierungen, Zeiteinsparungen, Materialeinsparungen, Personalreduzierungen.

Praxisbeispiele:

Verkauf von Software für ein Dokumentenmanagement-System.

„Herr..., Sie als erfahrener Institutsleiter legen sicher großen Wert auf eine effektive Informationsbeschaffung und einen optimalen Einsatz Ihres Fachpersonals. Dazu haben wir eine interessante Lösung entwickelt, die ich Ihnen einmal persönlich präsentieren möchte."

Verkauf von Niedrigtemperaturheizungen.

„Herr..., ich möchte Sie ganz kurz über die Möglichkeit informieren, wie Sie 60 Prozent Ölkosten einsparen können – bei höherer Heizleistung und noch dazu umweltbewusst handeln. Lassen Sie uns in einem gemeinsamen Gespräch untersuchen, welche Möglichkeiten der verbesserten Energieausbeute es für Ihr Objekt gibt."

Überlegen Sie auch: Den Kunden interessiert jeder Angebotsvorteil, der mit Steigerungen zu tun hat, zum Beispiel mit Umsatzsteigerungen, Produktivitätssteigerungen, Kapazitätssteigerungen.

Praxisbeispiele:

Verkauf von Vertriebssoftware.

„Herr..., als Vertriebsleiter möchten Sie sicher den Vertrieb Ihrer Produkte erfolgreicher gestalten, ohne zusätzliches Personal einzustellen. Unsere Vertriebssoftware entlastet Ihren Außendienst spürbar von administrativen Aufgaben. Dadurch ist sichergestellt, dass Ihre Verkäufer mehr Zeit für wirkliche Verkaufsgespräche haben, Ihre Kunden besser betreuen können und deutlich mehr Umsatz machen. Ich möchte Ihnen diese Softwarelösung gerne präsentieren und in einem persönlichen Gespräch mit Ihnen untersuchen, in welchem Maße wir Ihre Kundenverwaltung effektiver gestalten können."

> Verkauf von Produktionsanlagen
>
> „Herr… wir arbeiten mit vielen Unternehmen Ihrer Größenordnung zusammen, die sehr erstaunt waren festzustellen, wieviel Geld sie täglich wegen veralteter Produktionstechnik verlieren. In einem persönlichen Gespräch kann ich Ihnen genau sagen, was wir für Sie tun können und in welchem Maße wir Ihre Produktivität steigern können."

Einwänden entgegenwirken

In Ihrer Argumentation werden Sie auch am Telefon immer wieder mit Einwänden konfrontiert.

> **Praxisbeispiele:**
>
> Kundenfrage:
> „Können Sie mir das noch genauer erklären?"
> Ihre Antwort:
> „Herr…, ich wünschte, ich könnte Ihnen das alles jetzt am Telefon noch detaillierter erläutern. Aber Sie werden unsere Produktidee viel genauer beurteilen können, wenn ich sie Ihnen in einem persönlichen Gespräch präsentiere. Sie brauchen nicht mehr als 30 Minuten dafür. Dann wissen Sie selbst, ob dieses Produkt eine Lösung für Sie darstellt oder nicht."
>
> Kundenfrage:
> „Wie hoch ist denn der Preis?"
> Wenn Sie dann sofort den Preis nennen würden, bestünde die Gefahr, dass der Kunde entgegnet:
> „Die Mitbewerber sind aber bedeutend günstiger." Deshalb nennen Sie ihm lieber weitere Produktvorteile.
> Ihre Antwort:
> „Erlauben Sie, dass ich Ihnen zuvor einige Vorteile nenne. Haben Sie schon bedacht, dass…Sie sehen daraus, dass…Sie sind doch auch meiner Meinung, dass deshalb der Preis von…wirklich günstig ist."

> Kundenfrage:
> „Können Sie mir nicht Ihre Unterlagen per Post zusenden?"
> Ihre Antwort:
> „Herr…, der Grund meines Anrufes ist es, Sie persönlich zu treffen. Denn nur wenn ich Ihre spezifischen Anforderungen kenne, kann ich Ihnen die Antworten geben, an denen Sie wirklich interessiert sind. Darüber hinaus würde ich mich freuen, Sie persönlich kennenzulernen."

Damit Sie beim Ablauf des telefonischen Kundenkontakts die wichtigsten Punkte berücksichtigen, unterstützt Sie die folgende Checkliste.

Checkliste: Worauf Sie beim telefonischen Kundenkontakt achten sollten

Vorbereitung

- Zielsetzung: Gesprächstermin vereinbaren
  Selbstbewusst auftreten
  Sich fragen: Welche neuen Ideen, Problemlösungen und Vorteile kann ich dem Kunden anbieten?

Vorstellung

- Begrüßung, Unternehmen, Vor- und Zuname

Sprache

- angemessene Lautstärke, deutliche Aussprache, angemessene Betonung

Kundenansprache

- Kunden immer mit Namen ansprechen

- Prüfen, ob mit dem richtigen Ansprechpartner verbunden wurde

Gesprächseröffnung

- den richtigen „Türöffner" finden

> **Neugier auf den Besuch wecken**
>
> - Angebot nur kurz skizzieren und Kundennutzen aufzeigen
>
> - Einwänden entgegenwirken
>
> - konkreten Vorschlag machen
>
> - Termin für persönliches Gespräch vereinbaren, aber keinen Termindruck aufbauen, den Kunden nicht überfordern
>
> - kurze Gesprächszusammenfassung, wichtige Abmachungen wiederholen

3.3.4 Wie Sie mit dem Kunden einen Termin vereinbaren

Um den Kunden zu einem Gesprächstermin zu bewegen, sollten Sie ihn ganz gezielt und motivierend darauf ansprechen – aber ohne ihn zu überfordern. Denn: Nur Rücksichtnahme und Respekt schaffen Vertrauen und zahlen sich auf Dauer aus.

Gute Chancen für eine Terminvereinbarung bietet folgende Vorgehensweise:

- **Verdeutlichen Sie den Nutzen oder Vorteil von einem Besuch.**
  Der Kunde kann sich besser informieren, kann aktuell vergleichen, bekommt einen detaillierten Überblick für eine Entscheidung.

- **Nennen Sie die Gesprächsdauer.**
  Kunden wollen für ihre Termine Planungssicherheit.
  „Sie werden durch unser Gespräch so viele nützliche Informationen erhalten, dass es sich für Sie lohnt, 30 Minuten dafür zu investieren."

- **Schlagen Sie konkrete Terminalternativen vor.**
  „Um zu vermeiden, dass es zu Terminengpässen kommt, schlage ich vor, dass wir uns noch in dieser Woche treffen. Wie wäre es mit Donnerstagvormittag um 10 Uhr oder am Donnerstagnachmittag um 15 Uhr?"

Wenn der Kunde einem der Termine zustimmt, dann ist die Sache perfekt und der Anruf abgeschlossen. Um den Termin wasserdicht zu machen, fragen Sie noch nach der Wegbeschreibung, bedanken sich für das Gespräch und den Termin und bestätigen ihn per E-Mail oder Fax.

4 Verkaufsgespräche erfolgreich gestalten: Von der Gesprächseröffnung zum Abschluss

Im zweiten und dritten Kapitel ging es um die Vorbereitung des Kundenbesuchs sowie um die Terminvereinbarung mit potentiellen Gesprächspartnern am Telefon. Bisher gab es noch keinen persönlichen Kontakt mit dem Kunden. Jetzt beginnt das Verkaufsgespräch. Dabei sollten Sie sich bewusst sein, dass es sich nicht um ein punktuelles Ereignis handelt, sondern um einen Prozess, der in unterschiedlichen Phasen abläuft – und zwar in der Regel wie folgt:

- **Gesprächseröffnung**

- **Informationsgewinnung**

- **Präsentation**

- **Abschluss**

Im folgenden Abschnitt erhalten Sie Hinweise und Tipps, welche Verhaltensweisen und Techniken Sie beherrschen sollten, um die einzelnen Gesprächsphasen zielorientiert zu steuern.

4.1 Gesprächseröffnung

Hier kommt es darauf an, schon bei der Begrüßung Ihr Gegenüber persönlich zu überzeugen. Der Beginn des Gesprächs ist der prägende Moment, in dem der Kunde einen Eindruck vom Selbstvertrauen, Optimismus und der Motivation des Verkäufers gewinnt. Der gute Draht, der darüber hinaus mit einem richtigen Gesprächseinstieg hergestellt wird, ist die Ausgangsbasis für ein vertrauensvolles Gespräch.

4.1.1 Begrüßung: Der erste Eindruck zählt

Den ersten Eindruck von Ihnen gewinnt der Kunde bei der Begrüßung. Und zum ersten Eindruck gehört neben Ihrer Körpersprache und den ersten Begrüßungsformeln natürlich vor allem auch Ihre äußere Erscheinung.

Ihr äußeres Erscheinungsbild

Jeder kennt das Sprichwort „Kleider machen Leute". Dies gilt natürlich auch für das Verkaufsgespräch – kommt es doch ganz entscheidend darauf an, beim ersten Kontakt einen vertrauenserweckenden Eindruck zu machen, um die Grundlage für ein positives Gesprächsklima zu schaffen.

Mit einer korrekten und gepflegten äußeren Erscheinung drücken Sie Ihren Respekt dem Kunden gegenüber aus. Jeder Verkäufer sollte deshalb im eigenen Interesse bestrebt sein, den Kunden durch geschickt gewählte Kleidung und Accessoires – dem Typ entsprechend – für sich einzunehmen. Als Regel gilt, dass man sich in seiner Kleidung den Gepflogenheiten des Kundenumfeldes anpassen sollte. Wer als Verkäufer die Sportartikelbranche besucht, wirkt deplaziert, wenn er sich für Kundengespräche allzu elegant kleidet. Ebensowenig ist saloppe Kleidung dann günstig, wenn Banken zum Kundenkreis gehören.

Als Verkaufsleiter sollten Sie auf jeden Fall auf korrekte und stilsichere Kleidung Ihrer Außendienstmitarbeiter achten. Im Umgang mit Kunden gilt: Lieber dezent abgestimmte Farben und Muster als übertrieben modisch und luxuriös.

Auch der Auftritt muss stimmen. Durch eine angenehme und offene Körpersprache schaffen Sie gleich von Anfang an eine entspannte Atmosphäre – so wirken Sie sympathisch und positiv auf den Kunden.
Setzen Sie das ganze Repertoire der persönlichen Kommunikation ein, wie Mimik, Gestik und Körperhaltung. Konkret sollten Sie bei der Begrüßung an folgende Punkte denken:

- Beim Eintreten besonders auf eine gute Körperhaltung achten.

- Gehen Sie mit einem gewinnenden Lächeln auf Ihren Gesprächspartner zu. So signalisieren Sie: „Ich freue mich, Sie zu sehen."

- Der Koffer oder die Unterlagen gehören in die linke Hand, damit Sie Ihrem Gesprächspartner eine trockene rechte Hand reichen können.

- Am Gesprächspartner nicht vorbeisehen, sondern von Anfang an Blickkontakt herstellen und ihn mit einem wohldosierten Händedruck selbstbewusst, aber auf natürliche Art begrüßen.

Der Name – Ihr Schlüssel zum Gesprächspartner

Unser Name ist sehr eng mit der Persönlichkeit verbunden. Wie wichtig wir den eigenen Namen nehmen, wird uns immer dann bewusst, wenn wir uns über unseren falsch ausgesprochenen oder geschriebenen Namen ärgern. Und nicht anders geht es Ihrem Gesprächspartner - auch er empfindet es als angenehm, von Ihnen richtig angesprochen zu werden. Nicht nur bei der Begrüßung und Verabschiedung, sondern auch im Verlauf des Gesprächs. Das gibt ihm ein Gefühl der Wertschätzung und Sie dokumentieren damit auch, dass Sie an einer längerfristigen Geschäftsbeziehung interessiert sind. Gehen Sie daher ganz sicher, dass Sie beim ersten Kontakt den Namen des Kunden richtig verstanden haben und auch korrekt wiedergeben können. Wenn Sie sich nicht sicher sind, ist es kein Problem, noch einmal nachzufragen – im Gegenteil: Ihr Gesprächspartner wird sich freuen, wenn Sie seinen Namen wichtig nehmen und ihn im weiteren Verlauf korrekt aussprechen.

4.1.2 Gesprächseinstieg: Finden Sie den richtigen Gesprächsaufhänger

Für viele Verkäufer besteht häufig die Hürde darin, eine geschickte Überleitung von der Begrüßung zum eigentlichen Verkaufsgespräch zu finden, ohne gleich mit „der Tür ins Haus zu fallen."

Smalltalk als Türöffner

Um zwanglos ins Gespräch zu kommen, bieten sich allgemein interessierende Themen (zum Beispiel Sport, Reisen, Filme, Bücher, Musik, Kinder) an. Smalltalk als Türöffner ist in diesem Moment gut geeignet, Ihren Gesprächspartner etwas näher kennenzulernen. So schaffen Sie die Grundlage für angenehme Verkaufsgespräche.

Allerdings sollten Sie beim Smalltalk einige Regeln beachten, damit im weiteren Verlauf der Einstieg in das Verkaufsgespräch nicht misslingt:

- Vermeiden Sie Tabuthemen wie Religion, Politik oder Krankheiten.

- Achten Sie darauf, unterhaltsame Themen anzusprechen. Stellen Sie Gemeinsamkeiten in den Vordergrund und bauen Sie so eine Beziehung auf.

- Bekunden Sie Interesse für die Themen des Kunden.

- Vermeiden Sie Kritik oder Diskussionen über abweichende Meinungen. Zeigen Sie vielmehr Interesse für den Standpunkt Ihres Gegenübers und lassen Sie sich von ihm erläutern, wie er zu seiner Meinung kommt.

- Smalltalk sollte nicht ausufern. Achten Sie auf Signale des Wohlbefindens bzw. der Ungeduld bei Ihrem Kunden.

Eröffnung des Fachgesprächs

Nutzen Sie eine kurze Gesprächspause und lenken Sie nun, durch einen geschickten Schwenk, die Aufmerksamkeit auf den Gegenstand des Verkaufsgesprächs. Da der Kunde zu Beginn genau wissen möchte, mit wem er es zu tun hat, sollten Sie jetzt die Gelegenheit nutzen, sich und Ihre Position im Unternehmen vorzustellen sowie Ihr Unternehmen kurz zu skizzieren.

Häufig beginnen Verkäufer nun im weiteren Verlauf des Fachgesprächs den Einstieg mit Sätzen wie zum Beispiel: „Ich weiß nicht, ob Sie unsere aktuelle Produktpalette schon kennen?" Dies wirkt unvorteilhaft, denn der Verkäufer bringt Unkenntnis und damit wenig Souveränität zum Ausdruck. Für einen Gesprächseinstieg ebenso ungünstig sind Sätze wie zum Beispiel: „Ich kann mir vorstellen, dass Sie auch Probleme mit…haben." Die Nutzung des Begriffs „Probleme" gegenüber dem Kunden ist heikel und dient nicht einer positiven Einstimmung auf das Fachgespräch.

Aufmerksamkeit gewinnen

Die Aufmerksamkeit des Kunden gewinnen Sie vielmehr, indem Sie Aussagen treffen, die den Kunden zum Nachdenken anregen und Aspekte ansprechen, die ihn wirklich interessieren.

So passen Sie die Gesprächseröffnung jedem Kunden individuell an:

- Berichten Sie von Erfahrungen anderer Kunden mit Ihren Produkten. Zeigen Sie Referenzschreiben.

- Nennen Sie bereits jetzt einen zentralen Kundennutzen, der das Vertrauen in Ihr Produkt steigert.

- Beschreiben Sie an einem Beispiel, wie Sie Ihr Produkt speziellen Kundenbedürfnissen angepasst haben – erläutern Sie, welche Unternehmensziele damit beim Kunden erreicht wurden. Ergänzen Sie dann beispielsweise mit folgender

Aussage: „So wie ich das einschätze, ist ein entsprechendes Ergebnis auch in Ihrem Unternehmen möglich." Um eine Reaktion beim Kunden zu erreichen, fragen Sie noch: „Darf ich Ihnen nun einige Fragen stellen, damit wir jetzt gemeinsam herausfinden, wie auch Sie von unseren Produktlösungen profitieren könnten?"

4.2 Informationsgewinnung

Nach der Begrüßung stellen Sie in dieser Phase fest, was der Kunde wirklich braucht, wo er dringendsten Handlungsbedarf hat und welche Kaufmotive bei ihm vorhanden sind. Durch gezielte Fragen sammeln Sie möglichst viele Informationen für eine erfolgreiche Präsentation Ihres Leistungsangebots.

4.2.1 Bedarfsanalyse: Stellen Sie die richtigen Fragen

Ist die Phase des gegenseitigen Kennenlernens abgeschlossen, dann leiten viele Verkäufer sofort in die Angebotsphase über – sie stellen also ihr entsprechendes Produktangebot vor. Dies ist mit Risiken behaftet. Einerseits ist zu diesem Gesprächszeitpunkt noch nicht klar, was der Kunde genau will und worauf er besonderen Wert legt. Auf der anderen Seite wissen Sie noch nichts über seine konkreten Kaufmotive. Es gilt also zunächst, den Bedarf zu analysieren (Informationen über Hauptinteresse, Kaufkriterien sowie Überlegungen des Kunden hinsichtlich seiner Ziele und Visionen). Nur wenn das Profil des Kunden im Gespräch deutlich wird, ist es möglich, mit dem Angebot punktgenau das Kundeninteresse und den Kundenbedarf zu treffen und im Rahmen der Angebotsphase bestimmte Produktvorteile hervorzuheben.

Fragetechniken zur Bedarfsanalyse

In dieser Phase des Verkaufsgesprächs wird der Einsatz von Fragetechniken unverzichtbar sein, um einen detaillierten Eindruck zu bekommen, welches Produkt für den Kunden in Frage kommt, welche Details ihn besonders interessieren und wie der Kunde das Produkt anwendet.

Um Fragen als Steuerungsinstrument einsetzen zu können, ist zunächst wichtig, sich die unterschiedliche Wirkung verschiedener Fragetypen (offene – geschlossene Fragen) bewusst zu machen.

Offene Fragen

Sie werden eingeleitet mit Wer? Was? Wann? Wo? Wieviel? Welche? Warum? und erlauben dem Gesprächspartner einen bestimmtem Spielraum. Der Kunde kann in selbstgewählter Genauigkeit und Ausführlichkeit antworten. So können sie Ihr Gegenüber besser einschätzen, seine Wünsche erkennen und ihn anschließend besser beraten.

> **Praxisbeispiele:**
>
> „Wo sehen Sie Ihr Unternehmen in einem Jahr, wenn Sie mit unserem neuen Produkt Ihre Aufgaben… lösen?" Oder:
>
> „Welche Erfahrungen haben Sie mit ähnlichen Produkten gemacht?" Oder:
>
> „Auf was legen Sie beim Service besonderen Wert?" Oder:
>
> „Warum ist Ihnen das Produkt zu teuer?" Oder:
>
> „Was ist Ihnen bei der Integration unseres Produktes in Ihren Arbeitsablauf besonders wichtig?" Oder:
>
> „Was meinen Sie zu dieser einfachen Anwendung?" Oder:
>
> „Welche Vorstellungen haben Sie?" Oder:
>
> „Wie sollte das Gerät beschaffen sein, damit Sie es effektiv einsetzen können?"

Geschlossene Fragen

Sie grenzen den Spielraum für die Antwort stark ein – der Kunde kann meist nur mit „Ja" oder „Nein" antworten. Die geschlossene Frage bietet sich also in der Regel dann an, wenn Sie eine Einscheidung herbeiführen wollen.

Praxisbeispiele:

„Sind Sie mit unseren Produkten bisher zufrieden?" Oder:

„Gefällt Ihnen unser Konzept?" Oder:

„Sind Sie mit 5 Prozent Rabatt einverstanden?" Oder:

„Entscheiden Sie über den Produkteinkauf selbst?" Oder:

„Passt Ihnen auch der Termin am Dienstag?"

➤ Tipp:

Einsatz von Fragetechniken:

- Stellen Sie dem Kunden in der Informationsphase häufiger offene Fragen.
  So gewinnen Sie ein klares Bild von seinen Kaufmotiven und Kaufkriterien. Sie bilden die Grundlage für Ihre Präsentation und Ihre Beratung.

- Nutzen Sie nicht zu viele geschlossene Fragen.
  Statt einer geschlossenen Frage „Gefällt Ihnen das Angebot?" zwingen Sie den Kunden mit einer offenen Frage „Wie gefällt Ihnen das Angebot" zu mehr Genauigkeit.

- Formulieren Sie positive Fragen.
  Vermeiden Sie negative Wörter wie „nie", „nicht", „Probleme", „Beschwerde", „unzufrieden". Statt negativ zu fragen: „Gibt es Probleme?" formulieren Sie besser: „Was ist vorgefallen?"

- Wiederholen Sie Fragen.
  Zögern Sie nicht, wichtige Fragen erneut zu stellen, wenn Sie die gewünschte Antwort nicht erhalten haben oder wenn Sie den Eindruck haben, dass Ihr Gesprächpartner ausgewichen ist.

4.3 Präsentation

Nachdem Sie in der letzten Phase zahlreiche Informationen von Ihrem Gesprächspartner erhalten und die Bedarfsanalyse abgeschlossen haben, ist nun der eigentliche Meilenstein im Verkaufsprozess erreicht: die Präsentation. Hier haben Sie die Chance, mit einer schlüssigen Argumentation und einer wirkungsvollen Darstellung Ihres Unternehmens sowie Ihrer Produkte den Kunden zu überzeugen und zu gewinnen.

4.3.1 Professionelle Vorführung: Glaubwürdigkeit statt Showeffekte

Eine gekonnte Produktpräsentation ist zweifellos der Höhepunkt Ihres Verkaufsgesprächs. Gefragt ist hier allerdings nicht das ermüdende Aufzählen von Produktmerkmalen und allgemeinen Werbeaussagen, sondern eine lebendige, kurzweilige und nutzenorientierte Präsentation. Damit sollen Sie den Kunden nicht nur in Erstaunen versetzen, sondern ihn fachlich kompetent unverwechselbare Lösungen bieten, die sein Hauptinteresse und seine Kaufmotive ansprechen. Setzen Sie dazu wirkungsvolle und moderne Präsentationstechniken und -methoden ein, machen Sie sich jedoch immer wieder bewusst: Fakten und Nutzen, die Sie Ihrem Kunden aufzeigen, werden erst lebendig durch die Begeisterung, die Sie ausstrahlen. Je anschaulicher Sie die Argumente vorbringen, desto erfolgreicher werden Sie sein. Dabei haben natürlich die Wahrhaftigkeit und Glaubwürdigkeit allerhöchste Priorität. Wenn hinter der schillernden Fassade einer Präsentation kein Spitzenprodukt und kein exzellenter Service stehen, wird der Kunde kein zweites Mal bei Ihnen kaufen.

Gekonnt präsentieren – worauf kommt es an?

- **Jede Präsentation muss sorgfältig vorbereitet werden.**
  Falls Sie technische Geräte einsetzen, sollten Sie vorher klären, ob der Kunde die Technik bereitstellen kann.

- **Erklären Sie dem Kunden vorher, was Sie zeigen wollen.**
  Geben Sie Ihr Präsentationsthema als Einstieg bekannt: „Sie werden jetzt den Funktionsablauf des…- Getriebes sehen, achten Sie dabei bitte besonders auf…"

- **Konzentrieren Sie Ihre Präsentation.**
  Sprechen Sie also vor allem von den Punkten, die Ihre Kunden interessieren und nicht von denen, die aus Ihrer Sicht wichtig sind.

- **Aktivieren Sie den Kunden.**
  Bei der Vorbereitung Ihrer Präsentation müssen Sie genau geplant haben, an welcher Stelle Sie den Kunden gegebenenfalls einbeziehen wollen. Lassen Sie ihn bei der Demonstration (Produktvorführung) mitwirken, denn so ist die Erlebniswirkung für ihn noch größer und er wird sich schneller mit Ihrem Angebot identifizieren (zum Beispiel: Die Reißfestigkeit einer Folie vorführen und dann den Kunden um einen Versuch bitten, sie zu zerreißen).

- **Stellen Sie dem Kunden Fragen, um ihn mit einzubeziehen.**
  So können Sie erfahren, was ihn beeindruckt. Lassen Sie sich dadurch bestätigen, dass ihn die Vorführung überzeugt hat (zum Beispiel: „Wie finden Sie die Bedienung?" „Was halten Sie von der Reißfestigkeit?" „Worin sehen Sie die Vorteile?").

4.3.2 Den Kunden überzeugen: Argumentieren Sie nutzenorientiert

Erfolgsorientierte Verkäufer konzentrieren sich in dieser Phase nicht nur auf ihre Produkte, sondern sie haben mit ihrem Leistungsangebot vor allem die Bedürfnisse, Erwartungen und Wünsche ihrer Kunden im Blick. Bei der Auswahl von Produkten interessieren den Kunden nämlich weniger die Produkteigenschaften, im Mittelpunkt stehen vielmehr folgende Fragen:

- Welchen Nutzen habe ich von dem Angebot?

- Welche Probleme löse ich, wenn ich das Produkt kaufe?

- Welche Ziele erreiche ich mit dem Erwerb des Produkts?

Für Ihre Argumentationsstrategie sollten Sie sich daher einprägen:

- Für jedes Gespräch stellen Sie vorher die richtigen Argumente zusammen. Überlegen Sie, wie Sie Produkteigenschaften in Nutzenargumentation übersetzen können.

- Alle Argumente müssen kundenbezogen sein, d.h., ein Vorteil des Angebots muss immer auch ein individuelles Problem des Kunden lösen.

- Schildern Sie Ihre Vorteile so konkret wie möglich. Nutzen Sie Vergleiche - das erhöht die Anschaulichkeit. Wählen Sie Beispiele, die auf Ihren Gesprächspartner zugeschnitten sind. Er kann dann Ihren Argumenten leichter folgen und wird sie eher akzeptieren.

Wenn Sie als Verkäufer immer den individuellen Nutzen Ihres Kunden im Kopf haben, werden Sie Ihre Argumente ganz anders gestalten.

Folgende Arbeitsunterlage gibt Ihnen Hilfestellung, wie Sie Produkteigenschaften in Nutzenargumentation übersetzen können.

Arbeitsunterlage - Nutzenargumentation		
Produkteigenschaft	Formulierung – Kundennutzen	Kundennutzen
Notieren Sie hier die Merkmale/ Eigenschaften Ihres Produktes.	Am wirkungsvollsten argumentieren Sie, indem Sie Eigenschaften und Nutzen mit Hilfe folgender Formulierungen verbinden.	Formulieren Sie den Nutzen, den Ihre Produkteigenschaften haben.
1.	… wodurch Sie folgendes sparen…	1.
2.	… wodurch Sie folgendes erreichen werden…	2.
3.	… was Ihnen Sicherheit gibt, dass…	3.
4.	… dass garantiert Ihnen…	4.
5.	… was eine Erhöhung bewirkt hinsichtlich…	5.
6.	… und genau das senkt Ihre…	6.

4.3.3 Bedenken des Kunden: So begegnen Sie Einwänden wirkungsvoll

Er sind wohl eher seltene Situationen, in denen Sie ein Verkaufsgespräch führen, ohne dass der Kunde mindestens einen Einwand vorbringt, den Sie zu entkräften versuchen. Einwände sollten Sie positiv sehen, denn sie zeigen, dass der Kunde ein bestimmtes Interesse hat, jedoch noch weitere Informationen, zusätzliche Beratung oder Unterstützung braucht. Einwandbehandlung gehört in allen Branchen und besonders bei Neukunden zu den Routinesituationen im Verkaufsgespräch. Dabei zeigt sich, dass es immer wieder die gleichen Themen sind, die der Kunde anspricht. Entscheidend dabei ist, dass Sie bei Einwänden keine Abwehrhaltung einnehmen. Fühlen Sie sich nicht persönlich angegriffen und bauen Sie keine Konfliktsituation auf, sondern nutzen Sie die Chance, die der Kunde Ihnen gibt, dazu Stellung zu nehmen – überzeugen Sie, am besten durch eine professionelle Einwandbehandlung, mit den Ziel, einen erfolgreichen Abschluss zu tätigen.

Einwandbehandlung – welche Techniken wirkungsvoll sind

Je breiter Ihre Palette an Argumentationstechniken ist, desto erfolgreicher werden Sie Einwände entkräften können.
Hören Sie sich die Einwände also ruhig und gelassen an und legen Sie sich Strategien zurecht:

- **Zeigen Sie Verständnis.**
  Signalisieren Sie dem Kunden zunächst auf jedem Fall, dass Sie seine Einwände verstehen. Mit einer Aussage: „Ich kann Ihre Bedenken verstehen", federn Sie erst einmal den Einwand ab, um dann andere Kunden zu zitieren, die denselben Einwand hatten und sich dann doch überzeugen ließen. „Herr... von der Firma... hat sich trotz anfänglicher Bedenken für unser Produkt entschieden und damit bisher außergewöhnliche Ergebnisse erzielt, und zwar auf folgenden Gebieten..."

- **Stellen Sie Einwände zurück.**
  Wenn Sie den Einwand später behandeln, hat der Kunde schon die Vorzüge des Angebots erkannt und der Einwand ist abgeschwächt – besonders effektiv bei Preisgesprächen.

Praxisbeispiel:

Kundenfrage: „Wie hoch ist denn der Preis?"
Wenn Sie dann sofort den Preis nennen, bestünde die Gefahr, dass der Kunde sagt: „Ihre Mitbewerber sind aber bedeutend günstiger:" Deshalb ist es zunächst ratsam, mit dem individuellen Nutzen für den Kunden zu argumentieren.
Ihre Antwort: „Erlauben Sie, dass ich Ihnen zuvor noch einige Vorteile nenne. Haben Sie schon bedacht, dass…Sie sehen daraus, dass… Und deshalb ist der Preis von…wirklich angemessen, meinen Sie nicht auch?"

- **Argumentieren Sie bei der Einwandbehandlung mit konkretem Nutzen.**
  Nennen Sie zu Ihrer Argumentation Daten und Fakten. Sprechen Sie nicht nur allgemein von höherem Gewinn, großer Ersparnis oder besserer Auslastung, sondern versuchen Sie, alles konkret zu beziffern: in Euro, Prozent etc. Konzentrieren Sie sich dabei auf das eine wesentliche Argument, zum Beispiel mit der Aussage: „Und jetzt kommt das Wichtigste." Beenden Sie Ihre Argumentation mit: „Was meinen Sie dazu?"

Wichtige Eckdaten zur Vorbereitung einer Präsentation sind in folgender Checkliste zusammengefasst.

Checkliste: Professionell präsentieren

- Wird die Präsentation professionell vorbereitet?

- Werden moderne Präsentationstechniken und -methoden eingesetzt?

- Wird bei der Präsentation ein bestimmter Höhepunkt eingeplant?

- Wird dem Kunden verdeutlicht, worauf er dabei achten soll?

- Werden wichtige Daten, Fakten und Argumente wiederholt?

- Wird vor allem der Produktnutzen herausgestellt und nicht nur Produktmerkmale?

- Bieten die Präsentation und die Art der Produkte die Möglichkeit, den Kunden einzubeziehen?

- Werden bei der Präsentation nicht nur Behauptungen aufgestellt, sondern auch Begründungen und Beweise geliefert?

- Gelingt es, mit einer ausdrucksvollen Sprache (bildhafte Redewendungen, ausdrucksvolle Verben, Vergleiche und bildhafte Aussagen) die Vorstellungskraft der Zuhörer zu aktivieren?

4.4 Kaufabschluss

In dieser Phase geht es darum, Preisverhandlungen zu führen, Kaufsignale zu erkennen und den Abschluss herbeizuführen.

4.4.1 Preisgespräche: Verbinden Sie den Preis mit dem Nutzen

Eine Entwicklung lässt sich nicht von der Hand weisen: Die Kunden werden immer preisbewusster. Sie haben weitgehend die Möglichkeit, Preise zu vergleichen, zum Beispiel mit Hilfe des Internets. Immer häufiger werden Preisnachlässe gefordert – der Kunde will für wenig Geld viel Leistung und hat bestimmt in dieser Hinsicht schon erfolgreiche Preisverhandlungen geführt.
Das Preisgespräch gehört sicherlich zur schwierigsten Gesprächsphase und erfordert praktikable Strategien, um Ihre Verhandlungsposition zu stärken.

Analysieren Sie deshalb im Hinblick auf die Preisverhandlung noch einmal die Marktposition Ihres Unternehmens:

- Was hebt uns von unseren Mitbewerbern ab?

- Welchen Nutzen hat der Kunde, wenn er bei uns kauft?

- Welche Preise und Konditionen und Servicebausteine bieten die Mitbewerber?

Diese Informationen sind wichtig, weil sich daraus Ihre Verhandlungsposition ableitet. Sie sollten sicher sein, ob ein Kunde das gewünschte Produkt auch wirklich beim Mitbewerber günstiger bekommen würde.

So erklären Sie Ihre Preise

Ihre Kunden verstehen einen Preis viel besser, wenn Sie den Preis mit dem Nutzen des Produkts verbinden. Denn: Ein Kunde kauft ein Produkt nur dann, wenn er sich vom Kauf die Erreichung bestimmter Ziele verspricht. Der Kunde kauft also einen individuellen Nutzen und bezahlt dafür einen Preis. Dabei muss der Nutzen höher erscheinen als der Preis. Daher ist es wichtig, daran zu denken, dass Sie die Nutzenargumentation einsetzen (zum Beispiel: „Sie gewinnen damit…", „Sie erreichen so…", „Sie reduzieren dadurch…").

Das Produkt ist zu teuer

Der Kunde lehnt das Angebot ab mit dem Argument, es sei zu teuer. So können auf diesen Einwand reagieren:

> **Praxisbeispiele:**
>
> „Im Verhältnis wozu sind wir zu teuer?" Oder:
>
> „Womit vergleichen Sie unsere Preise?" Oder:
>
> „Worauf sollten wir bei der Leistung verzichten?" Oder:
>
> „Nehmen wir einmal an, wir finden eine Lösung. Was ist neben dem Preis wichtig für Sie?"

Preise verteidigen

Mit allzu großzügigen Preisnachlässen verlieren Sie unter Umständen an Glaubwürdigkeit. Auch wenn Sie bereit und in der Lage wären, einen großen Preisnachlass zu gewähren, sollten Sie es dem Kunden nicht zu einfach machen, sondern Ihre Preise verteidigen. In jedem Fall sollte ein Preisnachlass auch mit einem reduzierten Leistungsumfang einhergehen, zum Beispiel:

- Kunde verzichtet auf Schulung

- Installation ist Sache des Kunden

- keine Beratung vor Ort

Angebotsvarianten schaffen

In der Praxis hat es sich bewährt, mehrere Angebotsvarianten anzubieten. Dann kann sich der Kunde für die Lösung entscheiden, die seinem Bedarf, seinen Preisvorstellungen und seinen finanziellen Möglichkeiten am besten entspricht – ein praktikabler Weg, Preisfeilscherei und „Rabattschlachten" zu vermeiden.

4.4.2 Auf dem Weg zum Abschluss: So führen Sie die Kaufbereitschaft herbei

Jetzt haben Sie fast alle Klippen umschifft – bleibt nur noch eine vor dem tatsächlichen Abschluss: die Kaufbereitschaft herbeizuführen. Wichtig hierbei: Beachten Sie alle Signale, die vom Kunden kommen, besonders aufmerksam und schätzen Sie ein, ob schon der Zeitpunkt für den Abschluss gekommen ist. Wie hat sich der Entscheidungprozess beim Kunden entwickelt? In welcher Stimmung ist er? Was ist dem Kunden für seine Kaufbereitschaft noch wichtig?

So kommen Sie zum Ziel

Zur Einleitung des Abschlusses fassen Sie das Gespräch nochmals zusammen – holen Sie die Zustimmung zum Produkt durch Zwischenfragen ein, binden Sie den Kunden ein, in dem Sie Signale der Bestätigung provozieren, wie zum Beispiel: „Das stimmt doch?" oder „Da stimmen Sie doch mit mir überein?" Um herauszufinden, ob der Kunde zum Handeln bereit ist, können Sie ihm Fragen stellen wie diese: „Wie gefällt Ihnen unsere Produktlösung?" Fragen Sie darüber hinaus, ob noch irgendwelche entscheidungsrelevante Punkte offen geblieben sind, wie zum Beispiel: „Sind so Ihre Vorgaben erfüllt? Gibt es noch etwas, was Sie von Abschluss abhält?", „Sind Sie mit meinen bisherigen Ausführungen einverstanden oder gibt es noch Unklarheiten? Liegen wir mit unserem Angebot richtig?" Auf diese geschlossenen Fragen muss der Kunden mit „Ja" oder „Nein" antworten – im besten Fall folgt darauf ein „Ja". Dies signalisiert, dass es keine weiteren Bedenken gibt, dass sich der Kunde verstanden fühlt und zum Kauf bereit ist.

4.4.3 Der erfolgreiche Abschluss: Die wichtigsten Tipps

Viele Verkäufer denken nur an die Präsentation, also an die Angebotsphase und überlassen häufig den Abschluss dem Zufall. Einige Anregungen sollen Sie dabei unterstützen, den Abschluss effektiv zu gestalten:

- **Vermeiden Sie Umständlichkeiten.**
  Sie schwächen sonst das Gefühl des Kunden, eine gute Entscheidung getroffen zu haben bzw. führen ihn aus der Kaufstimmung. Besiegeln Sie den Abschluss dort, wo der Kunde sich entschieden hat.

- **Werden Sie konkret.**
  Solange Sie nicht sagen, was Sie vom Kunden wollen, können Sie auch nicht erwarten, dass er das tut, was Sie möchten. Fragen Sie konkret nach dem Auftrag und legen Sie ihm zum Beispiel das Auftragsformular zur Unterschrift vor.

- **Zerreden Sie Abschluss nicht.**
  Wenn die Abschlussfrage gestellt wurde, ist der Kunde am Zug: Lassen Sie ihm die nötige Zeit, um eine Entscheidung zu fällen, halten Sie sich mit weiteren Äußerungen zurück.

- **Machen Sie ein kleines Zugeständnis zum Schluss.**
  Halten Sie eine bestimmte Dienstleistung zurück, die Sie als „Bonbon" kurz vor dem Abschluss noch hinfügen können – etwas, dass dem Kunden die Kaufentscheidung leichter macht, weil er einen Vorteil für sich erkennt und ihn einmal mehr für das Produkt sensibilisiert. Dabei kommt es nicht so sehr auf den Umfang des Zugeständnisses an – entscheidend ist der Zeitpunkt, zu dem es gemacht wird.

- **Zeigen Sie Verständnis.**
  Wenn es dem Kunden schwerfällt, sich zu entscheiden, zeigen Sie Verständnis für Abschlusshemmungen: „Ich kann verstehen, dass es nicht leicht ist, sich jetzt zu entscheiden." Machen Sie darauf aufmerksam, dass Sie gerne bei der weiteren Entscheidungsfindung behilflich sind.

- **Jeder Abschlussversuch ist ein „Erfolg".**
  Erfolg bedeutet nicht immer, dass man ein Geschäft gemacht hat. Wenn der Kunde dieses Mal nicht bei Ihnen gekauft hat, konnten Sie ihn zumindest gut beraten und Ihre Beziehung zu ihm weiterentwickeln. Manchmal besteht der Erfolg auch darin, dass man lernen kann, worauf man in Zukunft noch besser achten muss. Lassen Sie sich also von kleinen Fehlschlägen nicht aus der Bahn werfen – ein neuer Kunde, eine neue Chance.

4.4.4 Verabschiedung: Wirken Sie auf eine langfristige Geschäftbeziehung hin

Gehen wir vom Idealfall aus: Sie haben den Abschluss in der Tasche. Dann bestätigen Sie Ihren Kunden bei der Verabschiedung nochmals in seiner Kaufentscheidung – verstärken Sie das positive Gefühl, das zu seiner Kaufentscheidung geführt hat.

Sollte es nicht zu einem Kaufabschluss gekommen sein, verabschieden Sie sich freundlich und knüpfen Sie zu einem späteren Zeitpunkt mit einem Schreiben und dem Versand von entsprechendem Informationsmaterial an das Gespräch an.

Langfristige Zusammenarbeit im Blick

Nutzen Sie bei einem erfolgreichen Geschäft die Verabschiedung gleich, um von einer zukünftigen, für beide Seiten erfolgreichen Geschäftsbeziehung zu sprechen. Kündigen Sie an, Ihren Kunden mit auf ihn zugeschnittenen aktuellen Angeboten sowie nutzenorientierten Tipps und Informationen auf dem Laufenden zu halten. Festigen Sie das positive Klima, das Sie aufgebaut haben und lassen Sie die Situation mit einem lockeren Gespräch ausklingen – so entwickeln Sie eine persönliche Geschäftsbeziehung.

5 Nach dem Kundenbesuch ist vor dem Kundenbesuch: So führen Sie eine effektive Nachbereitung durch

Wenn man das Verkaufsgespräch als umfassenden Prozess begreift, muss auch der Nachbereitung ein angemessener Platz eingeräumt werden. Denn: Jeder Kundenbesuch ist sehr aufwendig, so dass es eigentlich selbstverständlich sein sollte, seine Effektivität zu steigern. Nicht nur die Vorbereitung und eine professionelle Durchführung sind also das A und O, sondern auch eine gezielte Nachbereitung.

Nachbereitung schon beim Besuch

Professionelles Nachbereiten fängt nicht erst nach dem Kundenbesuch an, sondern schon viel früher: mit dem Bericht während des Besuchs. Statt in großer Eile sofort zum nächsten potentiellen Kunden zu fahren, planen Sie zwischen den Besuchen genügend Zeit ein für eine „kreative Auswertung". Bewerten Sie die Entwicklung Ihres Kundenkontakts oder die Ideen, die sich aus dem Gespräch ergeben haben und ziehen Sie daraus erste Schlüsse. Entwickeln Sie ein einfaches Formular, dass Sie sofort nach dem Besuch ausfüllen – einige Notizen sollten Sie sich schon während des Gesprächs machen.

Nachbereitung – Warum?

Jeder Verkäufer weiß aus eigener Erfahrung, dass

- Gespräche, die nicht nachbereitet werden, auch nicht systematisch nachgefasst werden,

- Akquisitionsaufwand, dem keine Nachbereitung folgt, Geldverschwendung sein kann,

- aus einem Kundenkontakt, der nicht nachbereitet wird, in den seltensten Fällen eine erfolgreiche Kundenbeziehung wird.

Der Sinn einer Nachbereitung besteht also darin, zu prüfen,

- ob Sie Ihr Gesprächsziel erreicht haben,

- warum Sie es nicht erreicht haben,
- was Sie in Zukunft noch verbessern können.

Auf der Grundlage der Nachbereitung können Sie dann Ihr weiteres Vorgehen planen:

- Was sind die Ziele für den nächsten Kontakt, für eine weitere Geschäftsanbahnung?
- Wie sind die Preise, Konditionen und das Angebotspaket beurteilt worden?
- Wann geht es weiter mit neuen Kontakten?

5.1 Manöverkritik: Ziehen Sie ein Fazit

Nehmen Sie sich die Zeit und analysieren Sie Ihre Kundengespräche. Halten Sie hierzu schriftlich den Stand der Dinge fest und überlegen Sie bei Ihrem Rückblick:

- Wo gab es Höhepunkte?
- War die Gesprächsführung optimal?
- War die Präsentation aussagekräftig?
- Konnten Einwände des Gesprächspartners professionell entkräftet werden?

Beantworten Sie offen und ehrlich diese Fragen, denn jeder Rückblick bedeutet einen neuen oder verbesserten Ansatzpunkt für Verkaufsgespräche in der Zukunft.

Die folgende Checkliste unterstützt Sie bei Ihren Überlegungen und bereitet Sie auf den nächsten Kontakt vor.

Checkliste: Gesprächsanalyse

Was

- war erfolgreich?
- ist nicht gelungen?

Welche

- Aussagen/Höhepunkte der Präsentation haben den Kunden beeindruckt?
- Themen wurden noch nicht angesprochen?

Wie

- werden offene Fragen des Kunden beantwortet?
- geht es mit dem Kundenkontakt weiter (Fortschritte planen und durchführen)?

Wo

- liegen die Stärken und Schwächen des Angebots?
- kann noch nutzenorientierter argumentiert werden?

Warum

- ist das Gespräch so verlaufen?
- war es nicht möglich, alle Gesprächsziele zu erreichen?

5.2 Stärken-/Schwächenanalyse: Bauen Sie Ihre Verkaufsfähigkeiten weiter aus

Wie steht es nach Ablauf eines Verkaufsgesprächs mit Ihrer persönlichen Einschätzung?
Folgende Checkliste hilft Ihnen, Erkenntnisse über die eigenen Stärken und Schwächen im Rahmen des Kundenbesuchs zu gewinnen – mit dem Ziel, Ihre Fähigkeiten gezielt auszubauen.

Checkliste: Persönliches Fazit – Verkaufsgespräch

Gesprächseinstieg

- Wurde mit dem Gesprächseinstieg Interesse beim Kunden geweckt?
- Wie wurde der Gesprächspartner aktiviert?
- Ist es gelungen, Sympathie und ein gutes Gesprächsklima zu schaffen?
- Waren Auftreten und Verhalten optimal?

Bedarfsanalyse

- Wie wurde der Bedarf ermittelt?
- Konnte die Zustimmung beim Kunden geweckt werden?
- Welche Entscheidungskriterien waren relevant?
- Welchen konkreten Bedarf hatte der Kunde?

Präsentation und Argumentation

- War die Vorbereitung optimal?
- Saßen auf Kundenseite Gesprächspartner mit Entscheidungskompetenz?
- Wie wurde das Angebot dargestellt?

- Wie wurde das Angebot auf den Bedarf abgestimmt?

- Wurden die Kaufmotive des Kunden ausreichend berücksichtigt?

- Konnte der Nutzen des Angebots überzeugend herausgestellt werden?

- Entsprachen die Argumente den Kundenerwartungen? Hatten Sie auch Beweiskraft?

- Wurden bei der Präsentation auch die Gesprächspartner mit einbezogen?

Einwandbehandlung

- In welcher Form wurden Einwände behandelt?

- Wie wurden die Einwände hinterfragt?

- Wie konnten Vorteile in Kundennutzen übersetzt werden?

- Mit welcher Strategie wurden Preisgespräche geführt?

Fazit

- Welche Ansätze für eine Verbesserung zukünftiger Gesprächstrategien können aus der Analyse gezogen werden?

Zum Autor

Thomas Johne, Jahrgang 1955, war zunächst von 1984 bis 1995 bei der Frankfurter Allgemeine Zeitung GmbH in verschiedenen Funktionen in den Bereichen Neue Medien und Marketing tätig. Seit 1996 ist er geschäftsführender Gesellschafter der KOM, MA Mediengesellschaft sowie Inhaber der Firma WinPOWER Die MarketingBeratung.

Tätigkeitsfelder

Der Schwerpunkt seiner Tätigkeit liegt in der Marketing- und Kommunikationsberatung von Unternehmensgründern sowie kleinen und mittleren Unternehmen. Er ist Mitglied im Beraterpool des RKW – Rationalisierungs- und Innovationszentrum der Deutschen Wirtschaft und der Gründungsinitiative BEST EXCELLENCE Rhein-Main des F. A. Z.- Instituts.

Veröffentlichungen

Neben zahlreichen Artikeln hat Thomas Johne die Fachbücher „Der Videofilm im Unternehmen" (F.A.Z.-Verlagsbereich Buch), „Firmenjubiläen professionell durchführen" (Econ- Verlag), „Marketing – So funktioniert´s" (KfW – Bankengruppe) sowie „Öffentlichkeitsarbeit auch für kleine Unternehmen", „Der Newsletter als Kundenbindungsinstrument", „Dialoginstrument Mailing" und die Leitfäden „Basiswissen Marketing" und „Kundenorientierung – Kundenbindung" (alle RKW – Verlag) veröffentlicht. Er ist Herausgeber des Fachbuches „MarketingPraxis" (F.A.Z-Institut), das sich an Unternehmensgründer und angehende Marketing-Profis wendet.

Kontakt: Thomas Johne, E-Mail: **kommamedien@t-online.de**

Marketing

Ute Binder-Kissel
Telefon-Akquisition
2002, 50 Seiten, 19,80 €
RKW-Nr. 1448, ISBN 3-89644-195-7

Thomas Johne
Der Newsletter als Kundenbindungsinstrument
Grundlagen – Erfolgsfaktoren – Realisierung
2005, 76 Seiten, 19,80 €
RKW-Nr. 1460, ISBN 3-89644-207-4

Thomas Johne
Dialoginstrument Mailing
Grundlagen – Instrumente – Erfolgsfaktoren
2005, 88 Seiten, 19,80 €
RKW-Nr. 1492, ISBN 3-89644-239-2

Thomas Johne
Das Firmenjubiläum als Marketingereignis
Planung – Instrumente – Durchführung
2005, 40 Seiten, 14,80 €
RKW-Nr. 1499, ISBN 3-89644-246-5

Thomas Johne
Basiswissen Marketing
Strategien für Erfolg am Markt
2005, 52 Seiten, 14,80 €
RKW-Nr. 1502, ISBN 3-89644-248-1

Thomas Johne
Basiswissen Kundenorientierung – Kundenbindung
Strategien für erfolgreiche Kundenbeziehungen
2005, 49 Seiten, 16,80 €
RKW-Nr. 1505, ISBN 3-89644-252-X

Printed by Libri Plureos GmbH
in Hamburg, Germany